Bruno est perdu

Quand j'étais petit, il m'est arrivé d'avoir terriblement peur !
Je croyais avoir perdu ma maman. Je ne la trouvais plus ! Elle m'avait dit que là où nous allions, il y aurait beaucoup, beaucoup de monde... tout partout ! Elle me l'avait bien répété, et pourtant, ce jour là, je l'avais oublié!

Nous allons au supermarché faire des courses, Bruno!

Reste près de moi Bruno.
Ne cours pas partout!

Bruno! Bruno!

Maman? Maman!
Où es-tu?

Qu'est-ce qu'il y a, petit ourson?
Ne pleure pas!
As-tu perdu ta maman?

Maman! Maman!

Ne t'inquiète pas. Je vais t'aider à retrouver ta maman.

Ne pleure pas!
Tout va bien
Bruno, maman
est là.

J'ai eu peu[r]
maman!
Je ne te
voyais plus
et je ne
pouvais
pas te
retrouver !

Tu comprends maintenant
pourquoi je te demande
de rester près de moi!
Tu sais que
maman a raison
quand elle dit de
l'écouter!

Oui maman.